Seydlitz | Diercke

Geographie

Gymnasium Sachsen

9. Klasse

Moderator:
Wolfgang Gerber, Leipzig

Autorin und Autoren:
Kerstin Bräuer, Leipzig
Helmut Fiedler, Leipzig
Roland Frenzel, Glauchau
Wolfgang Gerber, Leipzig
Sascha Kotztin, Meißen
Frank Morgeneyer, Leipzig

Inhaltsverzeichnis

Doppelkontinent Amerika	3
Nordamerika – Überblick	4
Besiedlung und Bevölkerung Angloamerikas	5
Nordamerika – Großlandschaften	6
Nordamerika – Gewässer	8
Nordamerika – Klimabesonderheiten	9
USA Industrie – Manufacturing Belt	10
USA Industrie – Sunbelt	11
USA – Landwirtschaft	12
USA – Modell der nordamerikanischen Stadt	13
USA – Verstädterung	14
Lateinamerika – Indianische Hochkulturen	15
Lateinamerika – Überblick	16
Lateinamerika – Naturraum	18
Lateinamerika – Gewässer und Klima	19
Das Regenwaldgebiet Amazoniens	20
Brasiliens Regenwald	21
Lateinamerika – Metropolisierung	22
Entwicklung der lateinamerikanischen Stadt	23
Impressum	24

Dieses Heft wird bearbeitet von:

Vorname   *Name*

Name der Schule   *Klasse*

© Schroedel / Westermann

Doppelkontinent Amerika

1. Benenne in der Karte die topographischen Objekte zur geographischen Gliederung Amerikas.

2. a) Kennzeichne mit einer roten Linie den Verlauf der kulturräumlichen Grenze zwischen Anglo- und Lateinamerika.
   b) Beschreibe die kulturräumliche Gliederung Amerikas.

   _____
   _____
   _____
   _____
   _____
   _____

3. Im Silbenrätsel sind zehn Städte Angloamerikas enthalten (Atlas).

   CA – CHI – CIS – CO – DO – ED – FRAN – GO – HOU – LAN – MEM – MON – NIX – OR – OT – PHIS – PHOE – RON – SAN – SHING – STON – TA – TO – TO – TON – TON – WA – WA

   a) Trage die Städte in die Tabelle ein.
   b) Notiere zu jeder Stadt ein Lagemerkmal.
   c) Bestimme für jede Stadt den zugehörigen Bundesstaat oder die zugehörige Provinz.

Nr.	Stadt	Bundesstaat / Provinz	Lagemerkmal
1			
2			
3			
4			
5			
6			
7			
8			
9			
10			

© Schroedel / Westermann

Geographiebuch, Seite 10 – 11

Nordamerika – Überblick

1. Vervollständige die Tabelle zu den topographischen Objekten in der Karte (Atlas).
2. Markiere in der Karte die auf Seite 3 in der Tabelle gelisteten Städte mit einem roten Punkt und ihrem Anfangsbuchstaben (Atlas).

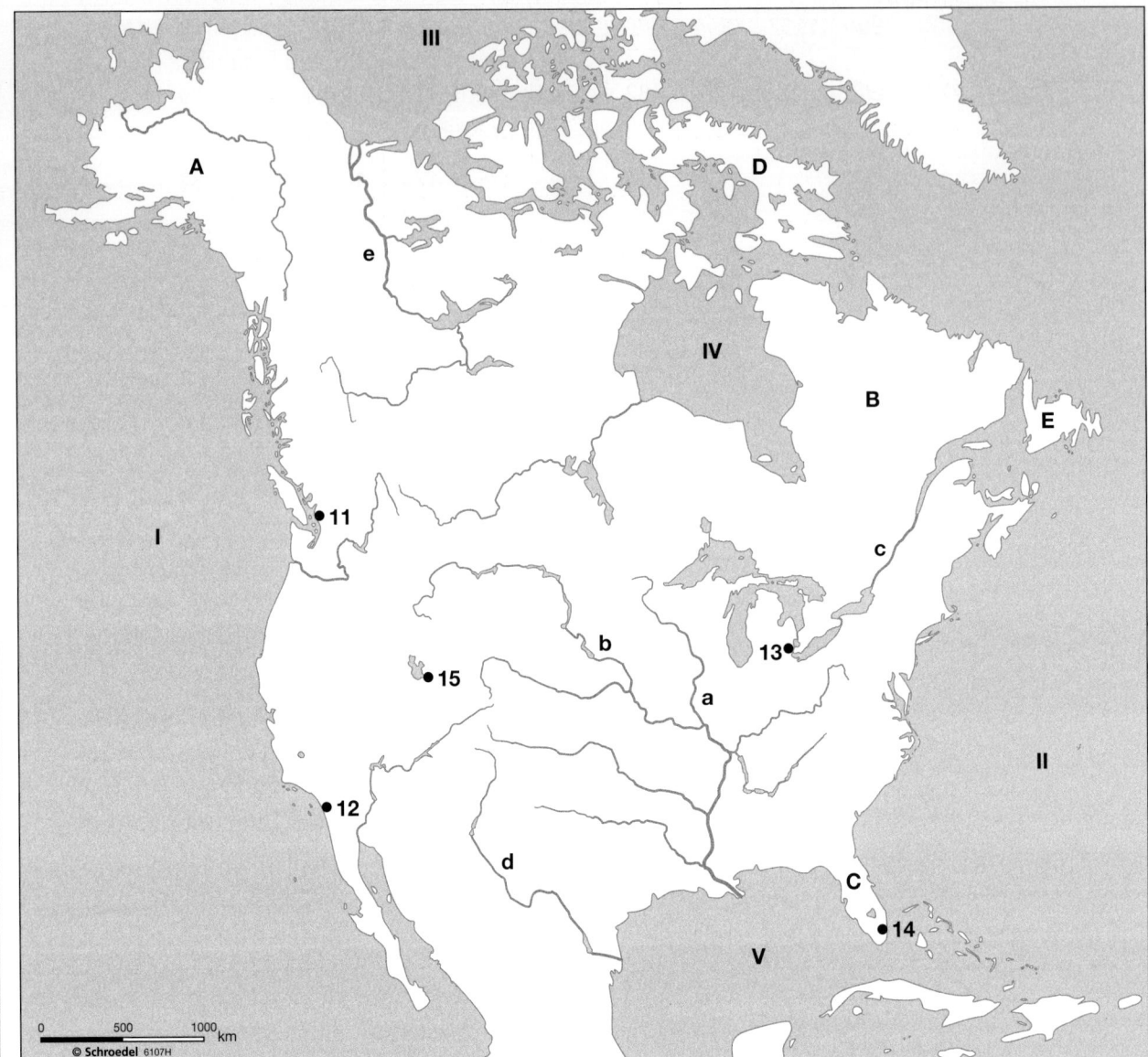

	Ozeane/Meere	Inseln/Halbinseln	Flüsse/Seen	weitere Städte
I		A	a	11
II		B	b	12
III		C	c	13
IV		D	d	14
V		E	e	15

© Schroedel/Westermann

Geographiebuch, Seite 11

Besiedlung und Bevölkerung Angloamerikas

1. Vervollständige die Tabelle zu den Hauptsiedlungsgebieten der einzelnen Bevölkerungsgruppen in den USA (Atlas).

Bevölkerungsgruppe	Hauptsiedlungsgebiete in den USA
Afroamerikaner	
Hispanics	
Asiaten	

2. Mit der Eroberung und Besiedlung des heutigen Angloamerikas erfolgte die Verdrängung der indianischen Urbevölkerung. Erkläre diese Tatsache (Abbildung, Atlas).

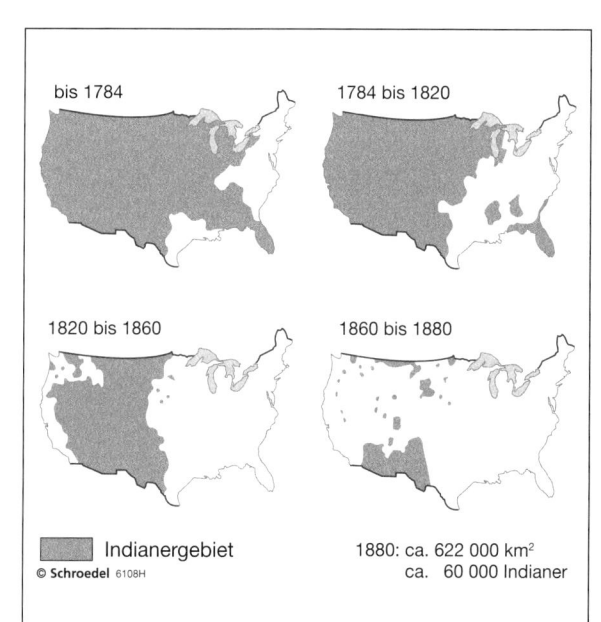

3. Notiere Gründe für die Auswanderung von mehr als sieben Millionen Deutschen in die USA.

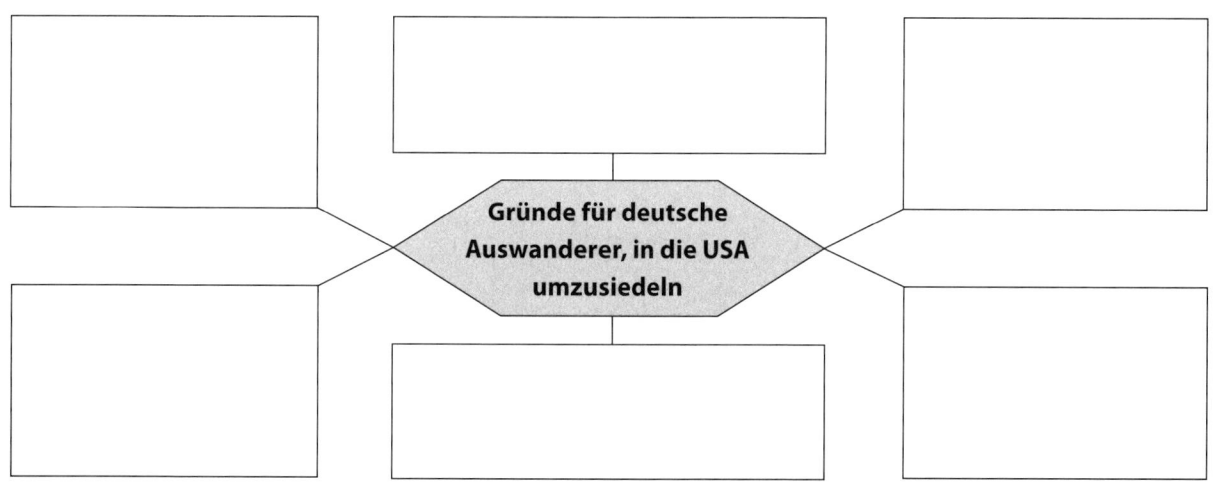

Geographiebuch, Seite 13 – 15

Nordamerika – Großlandschaften

1. a) Benenne die Großlandschaften Nordamerikas (Atlas).

1 _____
2 _____
3 _____
4 _____
5 _____

b) Ergänze die folgenden Gebirge, Landschaften und Berge in der Karte (Atlas).

- A Sierra Nevada
- B Küstengebirge
- C Kaskadengebirge
- D Großes Becken
- E Colorado-Plateau
- ▲1 Mount McKinley (m)
- ▲2 Mount Elbert (m)
- ▲3 Mount St. Helens (m)

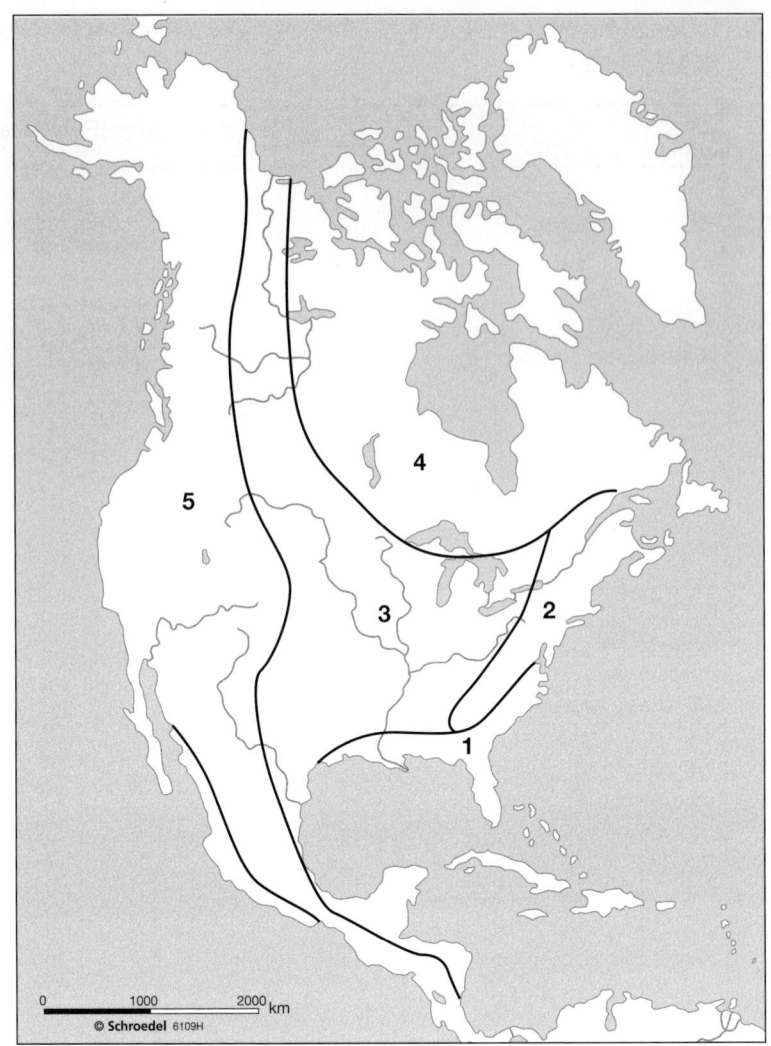

2. Zeichne ein Profil durch Angloamerika bei 40° nördlicher Breite.

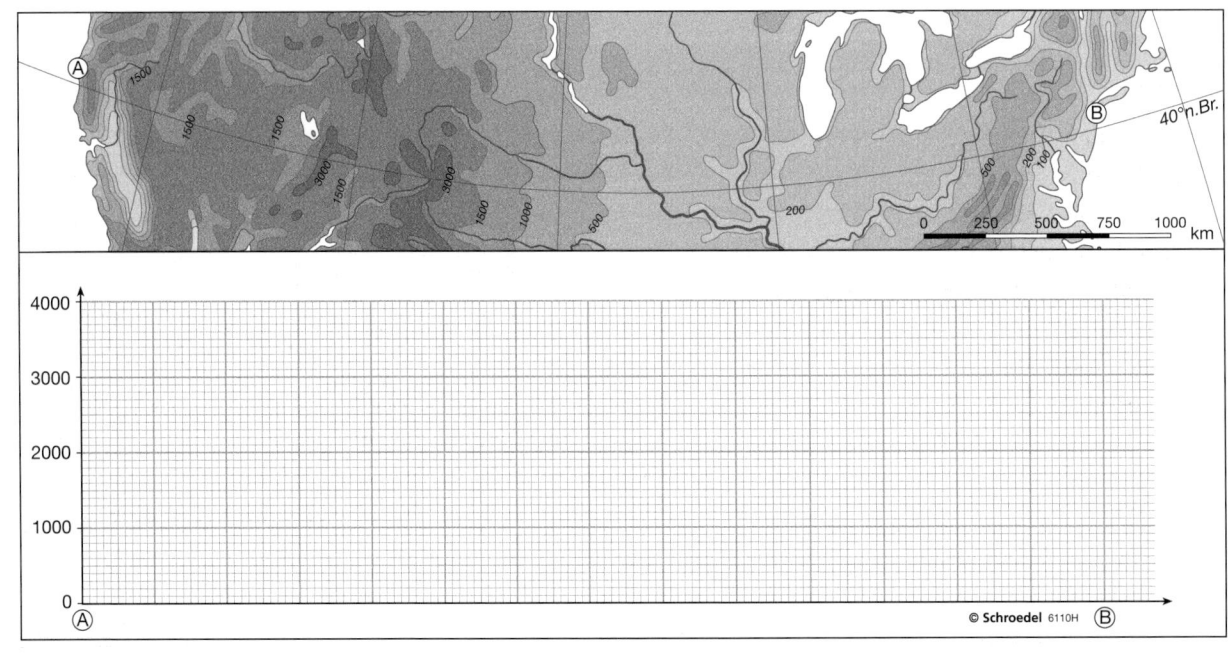

Geographiebuch, Seite 16 – 19

Nordamerika – Großlandschaften

1. Ergänze in der Tabelle die Merkmale des Klimas, des Reliefs und der Vegetation zu den drei Großlandschaften.

	Kordilleren	Innere Ebenen	Appalachen
Klimadiagramme	Denver/USA 1610 m ü. M. T = 10,2°C N = 380 mm	Omaha/USA 406 m ü. M. T = 10,7°C N = 675 mm	Elkins/USA 606 m ü. M. T = 9,7°C N = 1191 mm
Jahrestemperatur	_____ °C	_____ °C	_____ °C
Jahresschwankung	_____ °C	_____ °C	_____ °C
Jahresniederschlag	_____ mm	_____ mm	_____ mm
Merkmale des Reliefs			
Vegetationszonen			

2. Der Grand Canyon:
   a) Vervollständige in der Skizze die maximale Breite und Tiefe des Canyons.
   b) Beschrifte die Signaturen: widerständige und weniger widerständige Gesteine.
   c) Erkläre, inwiefern der Grand Canyon ein Ergebnis des Zusammenwirkens endogener und exogener Kräfte ist.

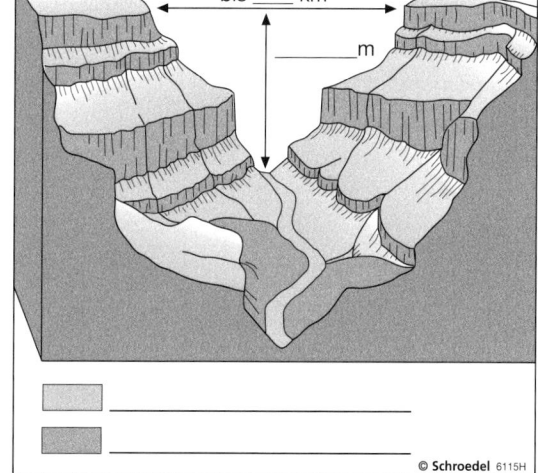

Geographiebuch, Seite 16 – 17 / 22 – 23

Nordamerika – Gewässer

1. a) Vervollständige die Seen Nordamerikas (Atlas).

a _____
b _____
c _____
d _____
e _____
f _____
g _____
h _____
i _____

b) Kennzeichne die Flüsse in der Karte.
  j – Mississippi, k – Missouri,
  l – Colorado, m – Columbia,
  n – Yukon, o – Mackenzie,
  p – Ohio, r – Rio Grande,
  s – Arkansas, t – St.-Lorenz-Strom

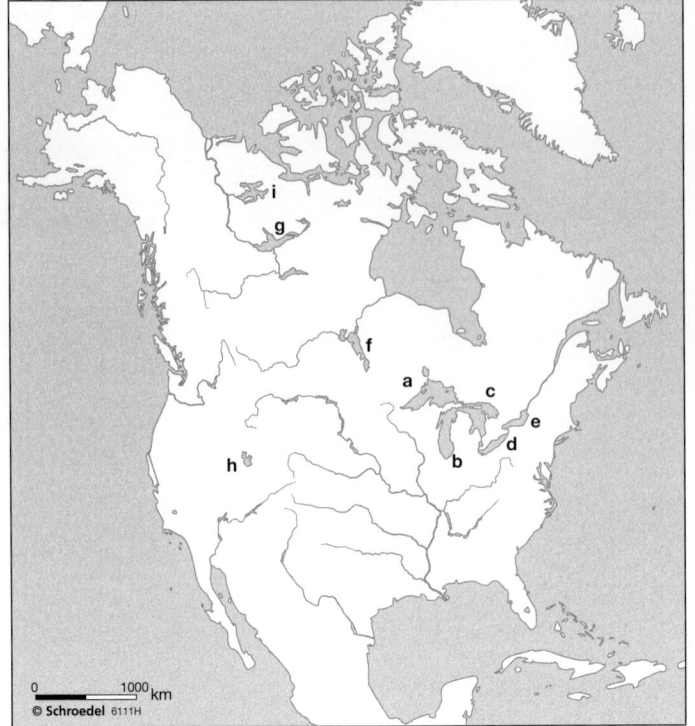

2. Ordne die Flüsse der Aufgabe 1 nach ihrer Abflussrichtung.

Abflussrichtung			
Nordpolarmeer	Pazifischer Ozean	Golf von Mexiko	Atlantischer Ozean

3. Erkläre die Prozesse an den Niagarafällen.
a) Kennzeichne die widerständige Gesteinsschicht farbig.
b) Beschreibe die Vorgänge in den drei Skizzen.

Phase 1	Phase 2	Phase 3

Geographiebuch, Seite 20 – 21

Nordamerika – Klimabesonderheiten

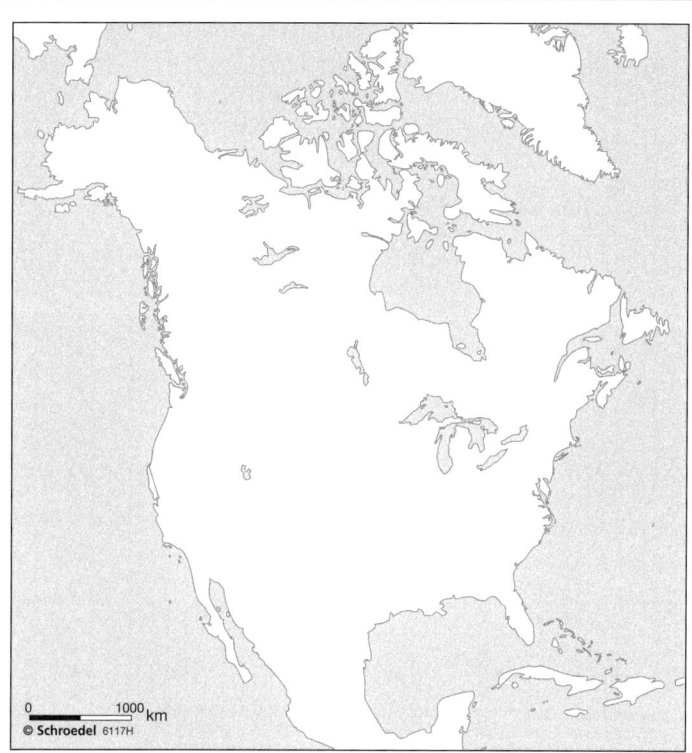

1. a) Erstelle zu den folgenden Klimaextremen eine Signatur.
   b) Trage mithilfe selbst gewählter Signaturen die Verbreitungsgebiete der Klimaextreme in die Karte ein.

Signatur	Klimaextrem
	Tornado
	Hurrikan
	Blizzard
	Northers

2. Erkläre die Entstehung von Northers und Tornados.

   Northers: _____
   _____
   _____

   Tornados: _____
   _____
   _____

3. Ordne die folgenden Merkmale Hurrikans oder Tornados zu.

   entsteht über dem Festland – Durchmesser über 100 km – entsteht im Bereich der Passatwinde – Durchmesser nur einige 100 m – entsteht über warmen Meeren – rotiert mit über 500 km/h – zerfällt über dem Festland – kleinräumige Zerstörungen – etwa 50 km/h schnell – Überschwemmungen

Hurrikan	Tornado

Geographiebuch, Seite 24 – 27

USA Industrie – Manufacturing Belt

1. Benenne die Städte (Atlas).

C. _____
S. _____
I. _____
Ci. _____
D. _____
Cl. _____
P. _____
B. _____
Bo. _____
M. _____
N. _____
Ph. _____
W. _____

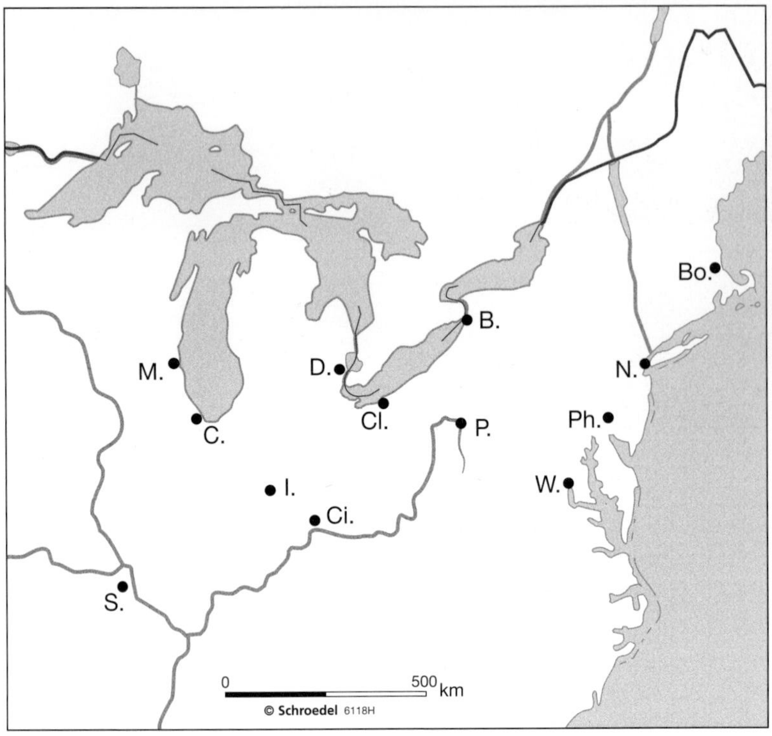

2. Vervollständige die Übersicht zur Entwicklung des Manufacturing Belt.

I. Anfänge der Industrialisierung seit 1850

Voraussetzungen: _____

Bedeutung der Eisenbahn: _____

⬇

II. Aufstieg zum industriellen Kernraum seit 1900

vorhandene Industrien: _____

Definition „Werkstatt der Nation": _____
_____

⬇

III. Strukturwandel seit 1950

Ursachen der Krise: _____
_____

Folgen der Krise: _____
_____

Definition „Rust Belt": _____
_____

Neuansätze: _____
_____

© Schroedel/Westermann

Geographiebuch, Seite 34 – 35

USA Industrie – Sunbelt

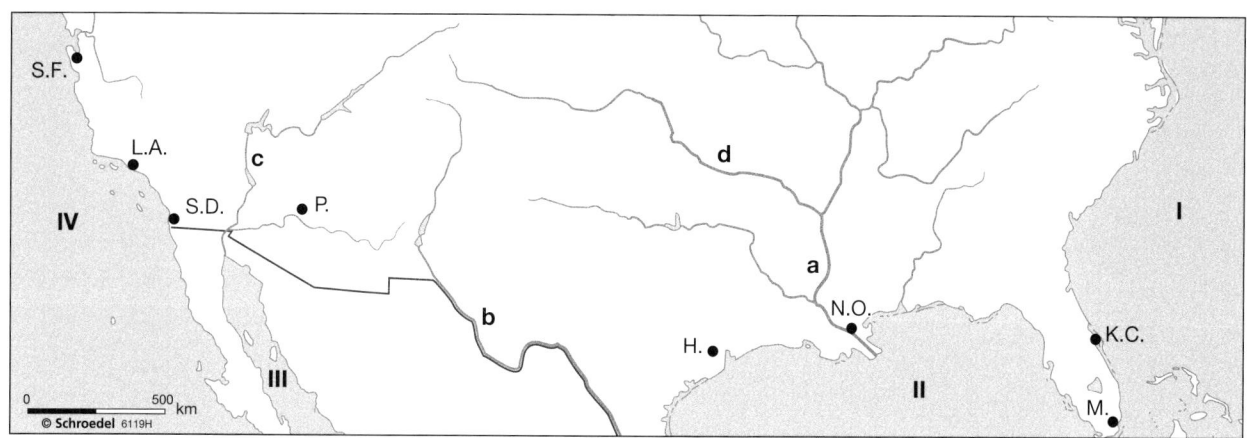

1. Zeichne die Grenzen des Sunbelt in die Karte ein.
2. Benenne die topographischen Objekte in der Karte (Atlas).

Ozeane/Meere	Flüsse	Städte	
I	a	K.C.	N.O.
II	b	H.	P.
III	c	L.A.	S.D.
IV	d	M.	S.F.

3. Vervollständige die Übersicht zur Entwicklung des Silicon Valley.

Wachstumsbranchen

⬇

Standortvorteile

⬇

Probleme in der Region

ökonomische: _____   soziale: _____

4. Definiere den Begriff Tertiärisierung.

Geographiebuch, Seite 32 –33 / 36 – 37

USA – Landwirtschaft

1. a) Zeichne zwei Liniendiagramme zur Erweiterung der landwirtschaftlichen Nutzfläche (LN) und der Entwicklung der Farmbetriebe.

Jahr	LN/Farm in ha	Anzahl der Farmen in Mio.
1950	80	5,5
1960	98	4,3
1970	150	3,2
1980	164	2,6
1990	183	2,2
2000	182	2,0
2010	169	2,2
2012	175	2,1

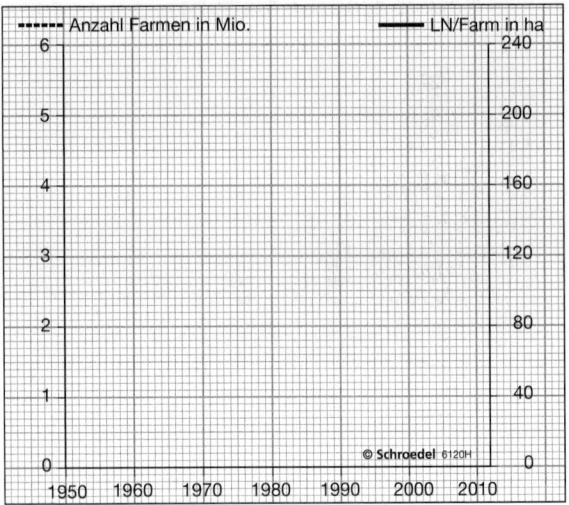

b) Erläutere mithilfe der Diagramme die Merkmale des Strukturwandels in der Landwirtschaft.

_____
_____
_____
_____

2. Erkläre die folgenden Begriffe.

a) Factory Farm: _____
_____

b) Feedlots: _____
_____

3. a) Beschreibe die Arbeitsbedingungen eines Farmers vor und nach dem Strukturwandel.

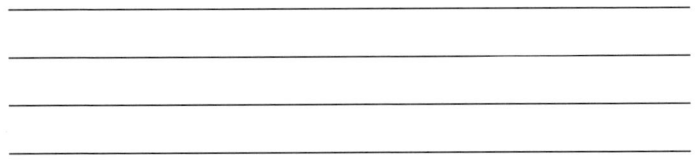

b) Erläutere die problematischen Folgen des Agrobusiness.

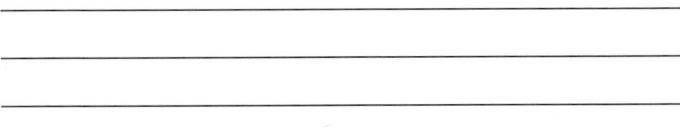

© Schroedel/Westermann

Geographiebuch, Seite 38 – 39

USA – Modell der nordamerikanischen Stadt

1. a) In der Abbildung sind die Bereiche einer amerikanischen Großstadt dargestellt. Benenne die einzelnen Gebiete und grenze sie voneinander ab.
b) Notiere typische Merkmale der einzelnen Zonen.

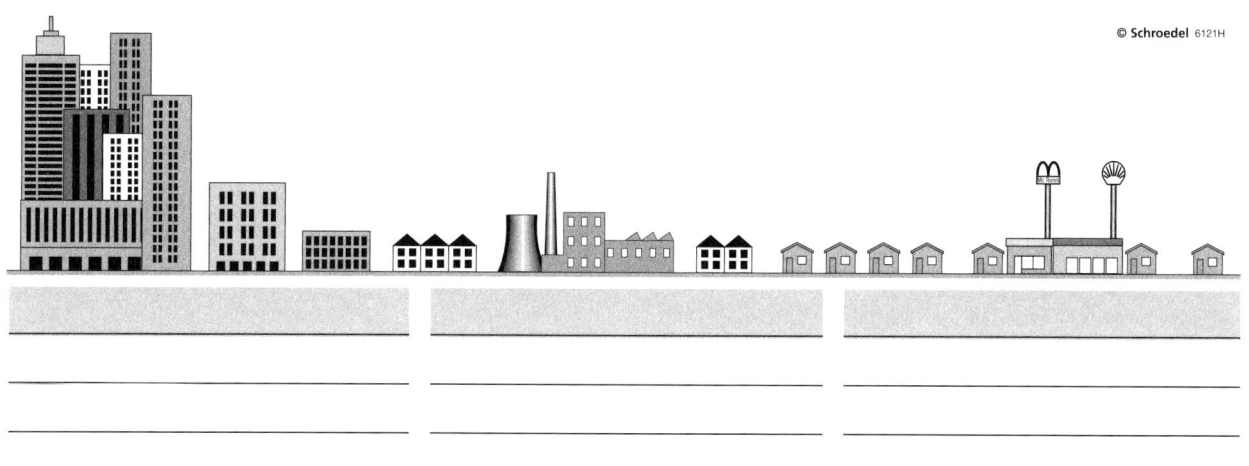

2. a) Zeichne Kreisdiagramme, die die Anteile der ethnischen Gruppen in drei Stadtteilen von Los Angeles zeigen.

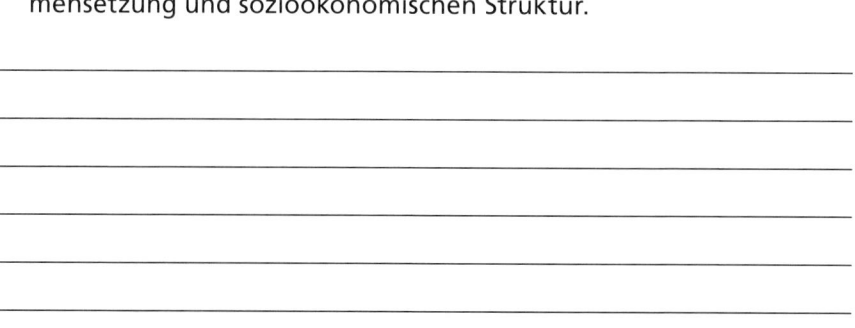

	Stadtteil 1	Stadtteil 2	Stadtteil 3
durchschnittliches Jahreseinkommen (US-Dollar/Einw.)	21 405	8 773	120 057
Bevölkerungsdichte (Einw./km^2)	5 013	8 921	225
Bevölkerung unter der Armutsgrenze (%)	19,3	46,3	0,9
Bevölkerung nach ethnischen Gruppen (%)			
Hispanics	22	69	6
Weiße	1	1	73
Asiaten	1	0	16
Afro-Amerikaner	74	28	2
sonstige	2	2	3

Stadtteil 1
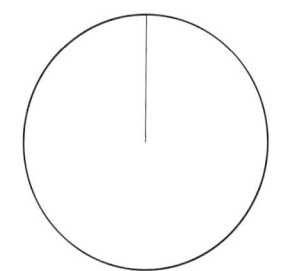

Stadtteil 2
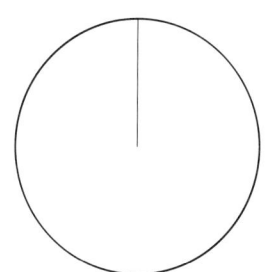

b) Vergleiche die drei Stadtteile hinsichtlich ihrer ethnischen Zusammensetzung und sozioökonomischen Struktur.

Stadtteil 3
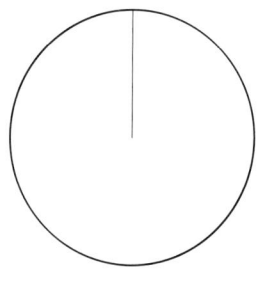

Geographiebuch, Seite 40 – 43

USA – Verstädterung

1. a) Beschreibe und erkläre die Kernstadtentwicklung in Detroit. Beachte, dass die schwarzen Flächen in der Grafik genutzten Flächen entsprechen.

_____
_____
_____
_____

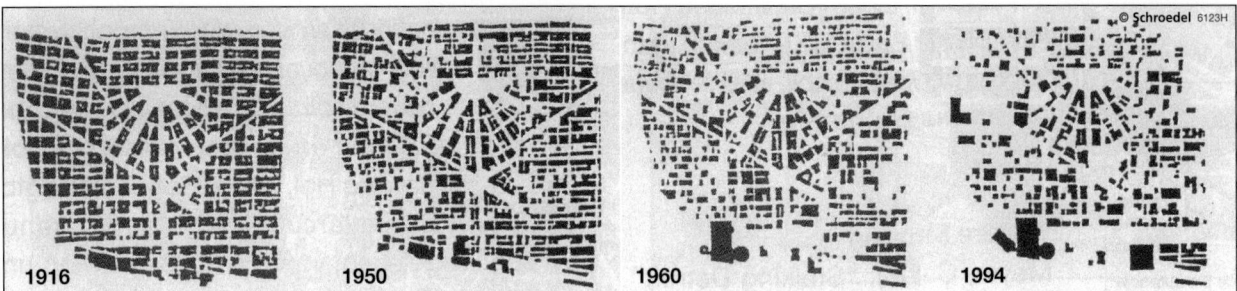

b) Nenne Gründe für die Trendumkehr in den 2010er-Jahren (Lehrbuch Seite 35 M5).

_____
_____

2. Definiere den Begriff Suburbanisierung.

_____
_____

3. a) Ordne die folgenden Merkmale den richtigen Begriffen in der Tabelle zu.
b) Ergänze weitere Merkmale in der Tabelle.

Einwohner der gleichen nationalen Herkunft – fehlende Stadtgrenzen – räumliche Verdichtung der Bevölkerung – große städtische Siedlung – Kette von Siedlungskernen

Agglomeration	Städteband	Ethnic Neighborhood
___	___	___
___	___	___
___	___	___
___	___	___
___	___	___

4. Untersuche das Satellitenfoto im Lehrbuch Seite 44 (M1) hinsichtlich der Städteverteilung.

_____
_____
_____
_____

Geographiebuch, Seite 35, 41 – 45

Lateinamerika – Indianische Hochkulturen

1. a) Trage die Lebensräume der Azteken, Maya und Inka in die Karte ein und notiere die heutigen Staaten der einstigen indianischen Lebensgebiete (Atlas).

   Azteken: _____

   Maya: _____
   _____

   Inka: _____
   _____

   b) Trage wichtige Siedlungsgebiete der europäischen Kolonialmächte im 16. und 17. Jahrhundert mit unterschiedlichen Signaturen in die Karte ein.

   Siedlungsgebiete
   - Inka
   - Maya
   - Azteken

   Kolonialmächte
   - Spanien
   - Portugal
   - Großbritannien
   - Frankreich
   - Niederlande

2. Fertige Steckbriefe zu den indianischen Hochkulturen an (Atlas).

   Azteken: _____
   _____
   _____

   Maya: _____
   _____
   _____

   Inka: _____
   _____
   _____

3. Nenne Folgen der Kolonialherrschaft in den Indianergebieten.

   _____
   _____
   _____
   _____
   _____

Geographiebuch, Seite 52 / 54 – 55

Lateinamerika – Überblick

1. Benenne die Staaten Südamerikas und trage die jeweiligen Buchstaben sowie den Namen ihrer Hauptstadt in die Karte ein (Atlas).

a) Durch diese drei Länder verläuft der Äquator:

A _____   B _____   C _____

b) Nur diese zwei Länder Südamerikas haben keinen Zugang zum Meer:

D _____   E _____

c) Die Hauptstädte dieser beiden südamerikanischen Länder liegen an der Mündung des Flusses Rio de la Plata:

F _____   G _____

d) Dieses große Land mit Küste zum Pazifik war und ist die Heimat der Inka:

H _____

e) Das Land ist in Nord-Süd-Richtung zehnmal länger als in West-Ost-Richtung:

I _____

f) Der Orinoco hat sein Mündungsdelta in diesem Staat im Norden des Kontinents:

J _____

g) Fehlen noch drei kleinere Länder im Nordosten Südamerikas:

K _____   L _____   M _____

2. a) Ordne die folgenden Staaten Mittelamerikas der passenden Lagebeschreibung zu (Atlas).

Bahamas – Belize – Costa Rica – Dominikanische Republik – El Salvador – Guatemala – Haiti – Honduras – Jamaika – Kuba – Mexiko – Nicaragua – Panama – Puerto Rico

Inselstaat: _____

_____

Festlandsstaat mit Küste nur zum Karibischen Meer: _____

Festlandsstaat mit Küste nur zum Pazifischen Ozean: _____

Festlandsstaat mit Küste zum Karibischen Meer und zum Pazifischen Ozean: _____

_____

b) Es gibt Regionen in Lateinamerika, die zur EU und zum Euro-Raum gehören. Gib Beispiele an.

_____

_____

© Schroedel/Westermann

Geographiebuch, Seite 53

Lateinamerika – Überblick

3. a) Jährlich versuchen Hunderttausende Lateinamerikaner, illegal über die mexikanische Grenze nach Angloamerika zu gelangen. Nenne Ursachen für diese Entwicklung.

_____
_____
_____
_____

b) Stelle die illegale Einwanderung nach Herkunftsländern in der Karte dar (z.B. durch Pfeile unterschiedlicher Stärke). Orientiere dich an den Daten im Lehrbuch (Seite 51 M6).

© Schroedel/Westermann

Geographiebuch, Seite 50 – 51

Lateinamerika – Naturraum

Legende

☐ Hochgebirge

A _____

☐ Mittelgebirgsland

B _____
_____

C _____
_____

☐ Tiefland/Küstentiefland

D Amazonastiefland
E La-Plata-Tiefland
F Orinoco-Tiefland

▲ Berg und Vulkane

▲¹ Aconcagua   (m)
▲² Chimborazo   (m)
▲³ Cotopaxi   (m)
▲⁴ Popocatepetl (m)

18

1. Erstelle eine farbige Kartenskizze zu den Großlandschaften Lateinamerikas.
  a) Vervollständige die Skizze zu den Umrissen Lateinamerikas.
  b) Wähle eine Farbe für die Signatur jedes Großlandschaftstyps.
  c) Zeichne die Hochgebirge, Mittelgebirgsländer und Tiefländer in die Karte ein und ergänze die fehlenden Namen in der Legende.

2. Lateinamerika befindet sich auf verschiedenen Platten.
  a) Zeichne in die Kartenskizze die verschiedenen Plattengrenzen ein.
  b) Trage die Lage der angegebenen Berge und Vulkane in die Karte ein und gib ihre Höhen an.
  c) Nenne die Regionen Lateinamerikas, in denen die Gefahr von Erdbeben und Vulkanausbrüchen gering ist. Begünde.

_____
_____
_____
_____

Geographiebuch, Seite 56 – 59

Lateinamerika – Gewässer und Klima

1. a) Löse das Rätsel zu den Gewässern Lateinamerikas.
b) Notiere das Lösungswort: _____
c) Zeichne die Gewässer in die Kartenskizze ein und beschrifte sie mit der dazugehörigen Ziffer.

1 – Kanal zwischen dem Karibischen Meer und dem Pazifischen Ozean
2 – See in Venezuela
3 – Fluss, der in Venezuela entspringt, das Land durchfließt und in die Karibik mündet
4 – See in den Anden, der von der Staatsgrenze von Peru und Bolivien gequert wird
5 – Grenzfluss zwischen Latein- und Angloamerika
6 – größter Strom Lateinamerikas

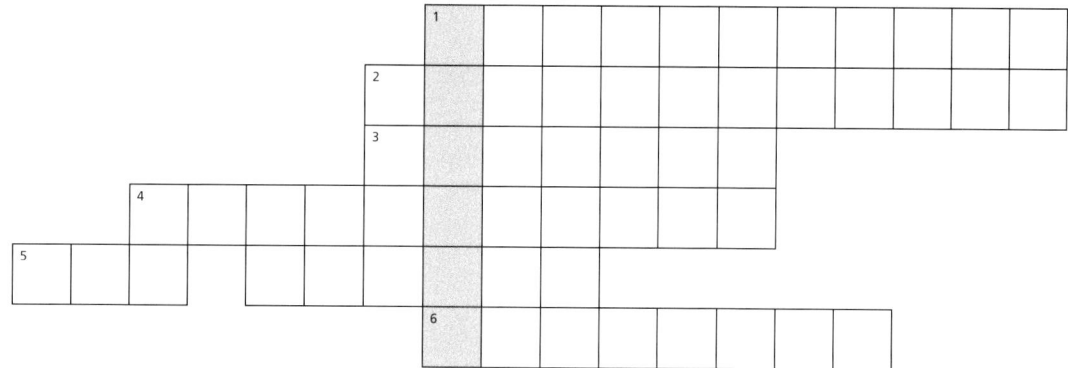

2. Entscheide, ob die Aussagen zum Klima wahr oder falsch sind. Begründe deine Entscheidung.
a) Die Station A befindet sich nördlich des Äquators.

☐ wahr   ☐ falsch   Begründung: _____

_____

b) Die Station A liegt im Tiefland, die Station B in den Anden.

☐ wahr   ☐ falsch   Begründung: _____

_____

c) Die Station C befindet sich an der Ostseite der Anden, im Bereich des südlichen Wendekreises.

☐ wahr   ☐ falsch   Begründung: _____

_____

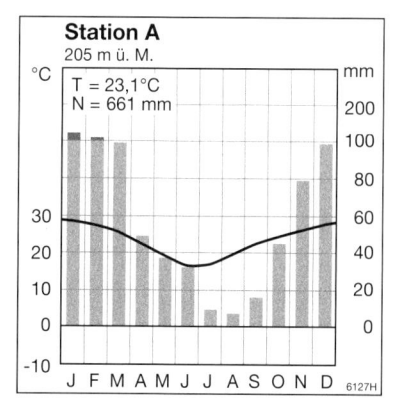
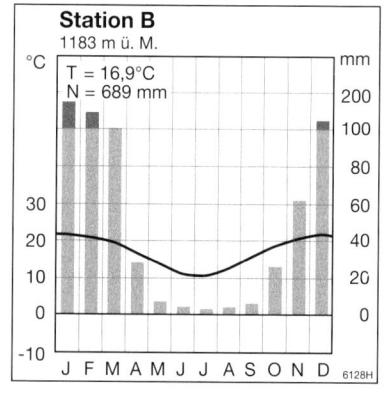
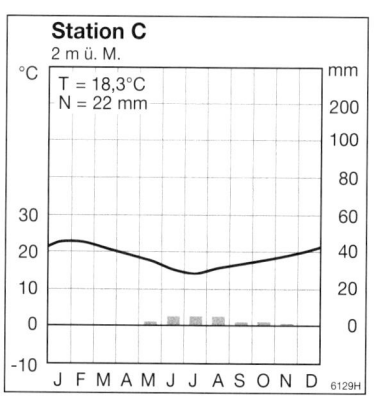

© Schroedel/Westermann

Geographiebuch, Seite 56 – 59

Das Regenwaldgebiet Amazoniens

1. Amazonien ist das größte Regenwaldgebiet der Erde.
   a) Ergänze in der Karte die Namen der Staaten Südamerikas, die Anteil an diesem Waldgebiet haben.

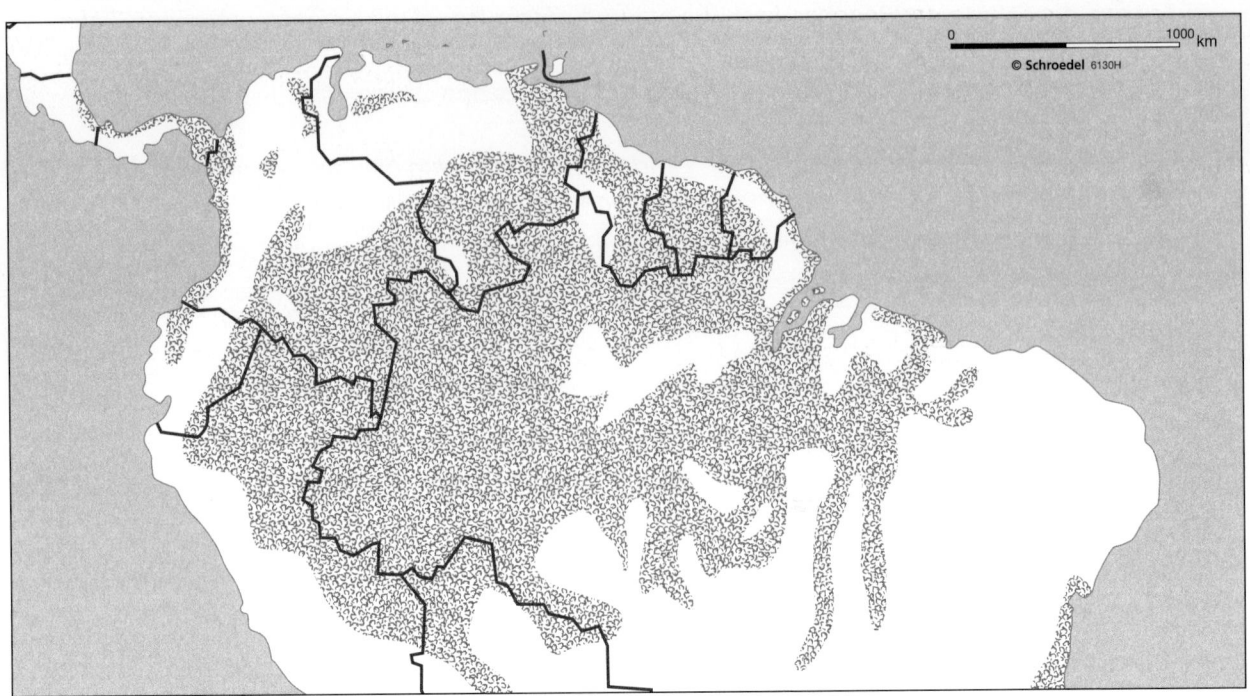

   b) Der größte Teil Amazoniens liegt in Brasilien. Die Fläche beträgt rund 5,25 Mio. km². Vergleiche die Fläche mit der Größe Deutschlands und stelle diese grafisch dar.

   Fläche des brasilianischen Regenwaldes
   (1 cm² = 250 000 km²)

   Fläche Deutschlands

   c) Stelle die folgenden Anteile zur Fläche des brasilianischen Regenwaldes in den Kästen farbig dar.

   17 % – gerodet
   38 % – unmittelbar bedroht
   45 % – intaktes Ökosystem
   15 % des Regenwaldes sollen bis 2016 durch das Amazon Region Protected Area Programm geschützt werden.

   d) Ziel der brasilianischen Regierung ist es, die Abholzung des Regenwaldes auf jährlich 4 000 km² zu begrenzen. Trage die Abholzungsfläche der nächsten zehn Jahre ein.

Geographiebuch, Seite 68 – 71

Brasiliens Regenwald

1. Brasilien besitzt einen Anteil von 61 Prozent am Regenwald Amazoniens.
   a) Fertige zu den Daten der Tabelle ein Diagramm an. Stelle die Bevölkerungsentwicklung als Linie und die Abholzung des Regenwaldes als Säulen dar.

Jahr	1988	1990	1992	1994	1996	1998	2000	2002	2004	2006	2008	2010	2012
Abholzung in 100 km²	210	138	138	149	182	174	182	217	277	142	129	70	46
Bevölkerung in Mio.	144	150	155	159	164	170	175	179	184	188	182	195	199

Quellen: Weltbank, United States Census Bureau, Ministerio da Ciencia

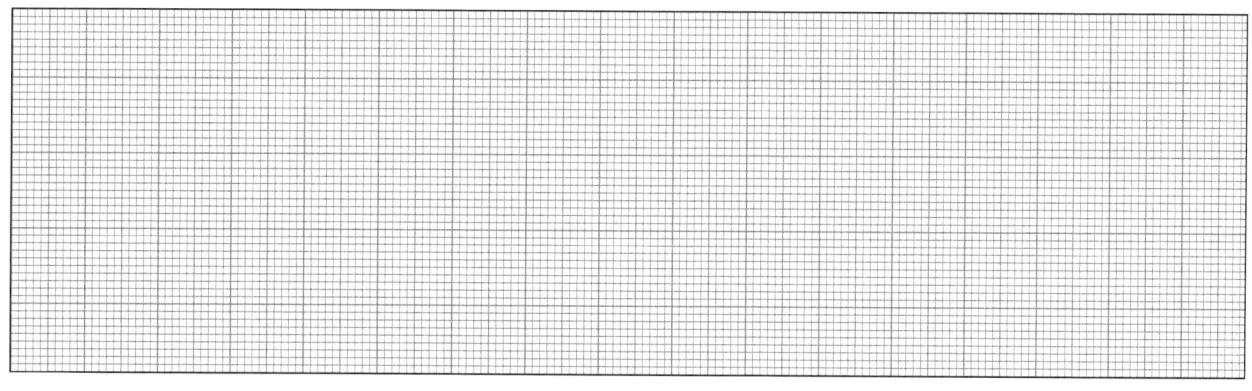

2. Interpretiere die Entwicklung mithilfe des Diagramms.

_____
_____
_____
_____
_____
_____

3. Stelle Ursachen und Folgen der Rodung des Regenwaldes in Brasilien dar.

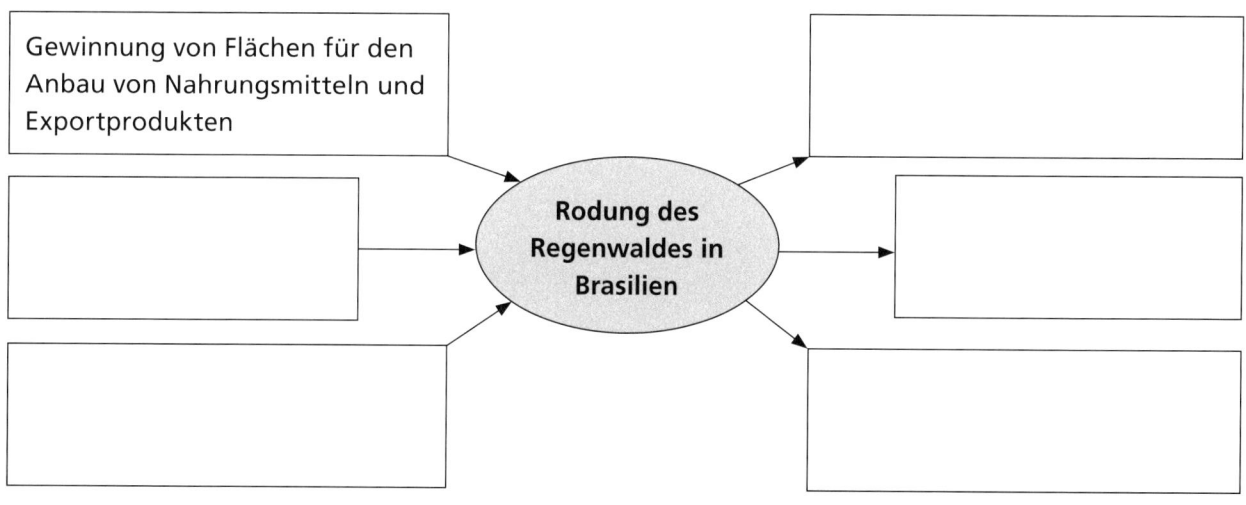

Geographiebuch, Seite 68 – 71

Lateinamerika – Metropolisierung

1. Benenne die acht größten Metropolen Lateinamerikas und die dazugehörigen Staaten (Atlas).

2. Erkläre die Lage der Räume mit einer sehr hohen Bevölkerungsdichte in Lateinamerika.

3. a) Stelle anhand der Daten in der Tabelle die Bevölkerungsentwicklung der drei lateinamerikanischen Metropolen mithilfe von Säulendiagrammen dar.

Jahr	(Bevölkerung in Mio.)		
	Mexiko-Stadt	São Paulo	Buenos Aires
1950	2,9	2,8	5,1
1970	8,7	8,1	8,3
2000	18,1	17,8	12,6
2013	23,8	21,5	14,5

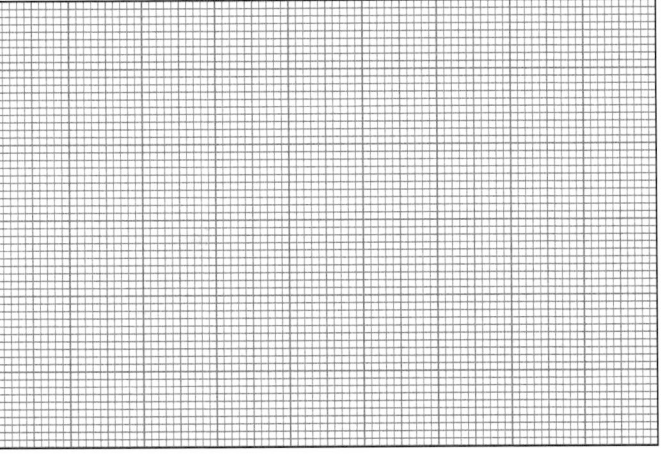

b) Vergleiche die Bevölkerungsentwicklung der drei Metropolen.

Geographiebuch, Seite 72 – 73

Entwicklung der lateinamerikanischen Stadt

1. Vergleiche mithilfe der Texte die Merkmale der Segregation in São Paulo mit denen nordamerikanischer bzw. deutscher Städte.

   _____
   _____
   _____
   _____
   _____
   _____

Der städtische – und mit ihm der soziale – Raum wurden fragmentiert. Allerdings findet sich heute in São Paulo eine ganz andere Art von Segregation, als dies nach klassischem Muster (…) untersucht wurde. Es handelt sich nicht um eine strikte Trennung in Nachbarschaften unterschiedlicher sozialer Zusammensetzung, sondern Arm und Reich waren in São Paulo noch nie räumlich so dicht nebeneinander, aber sozial so weit voneinander entfernt. Viele Fortified Enclaves befinden sich in direkter Nachbarschaft zu Armenquartieren. Ein sozialer Kontakt im öffentlichen Raum findet jedoch nicht mehr statt. Sicherheitsanlagen dienen als zuverlässige Zutrittsschleusen und garantieren soziale Distanz trotz räumlicher Nähe.

(Quelle: Koll-Schretzenmayr, M.: O Brasil é o país do futuro. DISP 2001, in: 151040/ S. 107)

Man muss sich die Stadt wie ein Betonmeer vorstellen. Die Reichen springen von ihrer Wohninsel zum Golfspielen auf die Sportinsel. Die Kinder werden auf die Schulinsel chauffiert (…). Nach Dienstschluss geht man von der Arbeitsinsel auf die Einkaufsinsel. (…) Wer es sich leisten kann, bewegt sich in gepanzerten Fahrzeugen durch die Stadt. „Mit 32-Millimeter-Glas, Kalaschnikow-fest", betont der Verkäufer der Firma GS-Security, die pro Monat 14 bis 18 Autos aufrüstet, für 30 000 Dollar das Stück. Die Superreichen fliegen nur noch über das urbane Archipel. Sampa, wie die Paulistas ihre Stadt nennen, hat die höchste Hubschrauberdichte auf der Südhalbkugel. In den Stoßzeiten, wenn Schwärme von Helikoptern durch die Betonschluchten knattern, denkt man an den futuristischen Film „Blade Runner".

(Quelle: Grill, B.: Paranoia im Paradies, Die Zeit, 18.05.2000, in: 151040/ S. 105)

2. Der Vizegouverneur von São Paulo hatte vorgeschlagen, eine Mauer um die Armensiedlungen zu ziehen, um die Wohnbereiche der Ober- und Mittelschicht zu schützen. Nimm zu diesem Vorschlag Stellung.

   _____
   _____
   _____
   _____
   _____

Bildquellenverzeichnis
Titelbild: Corbis, Berlin (Steve Boyle)
Seite 12 unten: Schönauer-Kornek, Sabrine, Wolfenbüttel

Mit Beiträgen von Matthias Baumann, Gerhild Haller und Doris Steinberg.

© 2015 Bildungshaus Schulbuchverlage
Westermann Schroedel Diesterweg Schöningh Winklers GmbH, Braunschweig
www.westermann.de

Das Werk und seine Teile sind urheberrechtlich geschützt. Jede Nutzung in anderen als den gesetzlich zugelassenen Fällen bedarf der vorherigen schriftlichen Einwilligung des Verlages.
Hinweis zu § 52a UrhG: Weder das Werk noch seine Teile dürfen ohne eine solche Einwilligung gescannt und in ein Netzwerk eingestellt werden. Das gilt auch für Intranets von Schulen und sonstigen Bildungseinrichtungen.

Druck A[1] / Jahr 2015
Alle Drucke der Serie A sind inhaltlich unverändert.

Redaktion: Monique Wanner
Satz: Lektoratsbüro Eck, Berlin: Monique Wanner
Druck und Bindung: westermann druck GmbH, Braunschweig

ISBN (Schroedel) 978-3-507-**52990**-8
ISBN (Westermann) 978-3-14-**149829**-5

© Schroedel / Westermann